AF332794

LETTRE

DU

GÉNÉRAL VICTOR PELLISSIER

Député de Saône-et-Loire

A

M. LE GÉNÉRAL BORDONE

Ex-chef d'état-major général de l'armée des Vosges

VERSAILLES

IMPRIMERIE G. BEAUGRAND ET DAX

9, RUE DU POTAGER, 9

À MONSIEUR LE DOCTEUR BORDONE

Ex-chef d'état-major

DE L'ARMÉE DES VOSGES

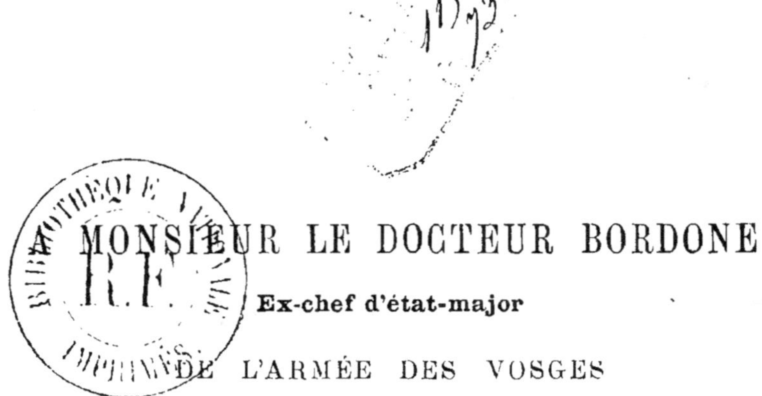

———··∞··———

Monsieur,

Dans votre réponse à M. de Ségur vous consacrez neuf pages de votre brochure pour mettre le public au courant des difficultés qui se sont élevées entre vous et moi lorsque, au mois de janvier 1871, je commandais la subdivision de la Côte-d'Or.

Ma réponse paraîtra peut-être un peu tardive.

C'est votre faute, monsieur, en accusant et en calomniant les individus, vous vous gardez bien de les prévenir et de le leur faire connaître ; et, sans l'avis d'un ami, j'ignorerais encore les accusations dont je suis l'objet dans votre réponse à M. de Ségur, tout aussi bien que j'ai ignoré pendant près de deux ans celles dirigées contre moi dans l'ouvrage intitulé : *Garibaldi et l'armée des Vosges*.

J'ai méprisé vos premières attaques ; mais, puisque vous voulez y revenir, j'y consens, faisons le public juge entre vous et moi.

Je n'ai pas par devers moi à Versailles mes registres de correspondance, mais votre ouvrage seul et les dépêches qu'il renferme me suffiront pour vous répondre.

La seule chose que vous ayez négligé de faire connaître au public, c'est le motif qui a occasionné tous ces conflits, et cependant ce motif perce à chaque ligne de notre correspondance.

Vous vouliez tout simplement annuler mon commandement et vous adjoindre les troupes qui avaient été mises sous mes ordres.

Avant même de me trouver avec vous, à Dijon, j'eus occasion d'écrire au général Garibaldi pour me plaindre que son état-major interceptait toute communication entre moi et les mobilisés d'Autun, qui ne pouvaient recevoir d'ordre que de moi puisque j'étais commandant supérieur des mobilisés de Saône-et-Loire.

Vous me répondîtes fort cavalièrement qu'on n'avait pas rempli vis-à-vis de vous les promesses qu'on vous avait faites de vous envoyer des troupes, et que vous étiez obligé d'en prendre où vous les trouviez.

C'est cette légion de 2,200 hommes, lieutenant-colonel Pelletier, qu'à la page 81 parag. 2, vous dites avoir été ajoutée aux 16,000 hommes d'Autun.

Mais à quel titre, s'il vous plait, se trouvait-elle donc sous vos ordres ? Comme commandant supérieur des mobilisés de Saône-et-Loire, elle m'appartenait, je vous l'ai déjà dit ; et même comme général commandant la subdivision elle m'appartenait également, car le ministre avait été très-explicite dans sa dépêche lorsque vous vîntes d'Autun à Dijon, et limitait parfaitement les attributions des deux généraux qui, indépendants l'un de l'autre, devaient se rencontrer dans cette ville.

Le général Garibaldi avait sous son commandement l'armée des Vosges augmentée des mobilisés de l'Isère et des mobilisés des Alpes-Maritimes, et était seul chargé de la direction des opérations de la campagne.

Le général Pellissier commandait la subdivision territoriale, avait sous son commandement direct tous les autres mobilisés et était chargé d'achever leur organisation.

Plus loin : page 119, vous citez une dépêche ainsi conçue : « Mon général, je reçois à l'instant un ordre du général Pellissier, ordonnant aux mobilisés de n'obtempérer à aucun ordre de l'état-major du général Garibaldi qu'autant que ces ordres seront écrits et visés par lui. »

Oui, j'ai donné cet ordre, et vous savez bien pourquoi. Parce que, sans m'en prévenir et sur un simple ordre verbal d'un de vos officiers, vous disposiez de troupes qui ne vous appartenaient pas, vous les enleviez des positions ou je les avais placées pour la défense, de telle sorte que des points d'attaque dont j'étais responsable étaient privés de leurs défenseurs sans même que j'en fusse prévenu.

Enfin lorsque, par ordre du ministère de la guerre, je fis partir pour Lyon les mobilisés de la Haute-Savoie, quel droit aviez-vous d'intervenir ? De quoi vous mêliez-vous ?

Vous connaissiez pourtant les motifs sérieux qui avaient provoqué l'ordre du ministre. Vous saviez que, pendant que nous nous battions dans Dijon, ces légions s'étaient révoltées, qu'elles s'étaient emparées d'un train de chemin de fer et que, leur général en tête, elles se dirigeaient du côté de Lyon à toute vapeur, semant l'alarme sur leur passage ; que, par un acte des plus énergiques, je les avais fait arrêter à Chagny et ramener à Dijon ; mais que le ministre de la guerre prévenu, ne voulant pas laisser pareil fait impuni, avait donné l'ordre de les envoyer à Lyon pour qu'une enquête fût faite.

Plus loin, page 120, parag. 3, vous dites que vous aviez relégué les mobilisés qui n'étaient pas sous vos ordres en arrière de la ville.

Mais, monsieur, les mobilisés qui se trouvaient à Plombières, et qui les premiers ont reçu le choc des Prussiens, étaient-ils donc en arrière de la ville ? La 4e légion de Saône-et-Loire qui occupait Talant, et fermait l'espace entre le pied du mont et le chemin de fer, la 2e qui se battait entre Talant et Fontaine ; la 3e légion qui s'était emparé de Hauteville, et que vous avez laissé écraser dans une attaque de nuit, faute de lui envoyer quelques renforts que je vous demandais à mains jointes ; les mobilisés de l'Ain ; ceux du Jura qui occupaient Saint-Apollinaire ; toutes ces troupes-là étaient-elles en arrière de la ville ?

Et dans la journée du 23 janvier, lorsque Ricciotti, vivement ramené par les Prussiens, avait déjà perdu le château et le parc de Pouilly, et se défendait à peine auprès d'une tuilerie, les deux légions que j'envoyais à son secours, qui l'ont dégagé, et ont repris à la baïonnette le parc et le château de Pouilly, étaient-elles en arrière de la ville ?

A la page 124 vous citez un fait que vous dénaturez comme tout le reste. Permettez-moi de le rectifier.

Dans la nuit du 21 au 22, un individu de Dijon attaché, je crois, aux ambulances de la Société internationale, me fut amené par M. Dubois, maire de la ville, actuellement député de la Côte-d'Or. Cet individu me raconta qu'allant à son ambulance aux portes mêmes de la ville, il était tombé sur une patrouille prussienne, que l'officier qui commandait la patrouille lui avait dit qu'ils étaient maîtres de Talant et l'avait renvoyé au maire pour lui conter cette nouvelle.

J'étais parfaitement sûr que les ennemis n'étaient pas maîtres de Talant; mon aide de camp, qui était allé y accompagner un convoi de munitions, en était de retour depuis une demi-heure environ. Il y avait néanmoins dans cette révélation un fait grave. Des Prussiens, en nombre que nous ne connaissions pas, avaient pu, à la faveur de la nuit, venir se placer entre la ville et nos postes avancés.

Quelque petit que fût leur nombre, il était à craindre, avec des troupes aussi peu expérimentées que les nôtres, qu'il n'occasionnât quelque méprise et que nos soldats, au milieu de l'obscurité, ne tirassent les uns sur les autres.

Je crus donc devoir conduire le témoin chez Garibaldi, qui apprécia le fait comme moi, et donna immédiatement ordre à son fils Ménotti de faire partir une patrouille, et de faire prévenir les chefs de poste, ce que je fis également de mon côté.

Vous trouvez curieux que le rapporteur de la commission des marchés ait dit de moi que j'étais allé chercher des renforts à Lyon après avoir repoussé l'ennemi à Dijon.

Mais, Monsieur, qui donc commandait cette division de mobilisés qui vous était annoncée dans la dépêche de Bordeaux (page 95), où l'on vous disait : « De notre côté nous appuierons votre mouvement par une diversion que tenterait un corps de quinze mille mobilisés, dans la direction de Lons-le-Saunier. Arbois. »

Parti de Dijon le 25, le 28 au matin j'étais à Lons-le-Saunier.

Mes avant-postes touchaient les avant-postes prussiens. Vous le voyez, j'avais encore devancé Garibaldi que vous nous montrez, page 96, développant, dites-vous, une incroyable activité, et marchant de Bourg et de Montrevel sur Mouchard et Lons-le-Saunier.

Non, Monsieur, à ce moment il n'était pas trop tard. Le défilé des planches était encore occupé par nous, et l'a été plusieurs jours encore. J'en ai la preuve par les télégrammes que m'adressait, postérieurement au 28, le général Crémer, et je n'eusse pas arrêté mon mouvement si je n'eusse reçu comme vous, le 28 au soir, la dépêche suivante : « Un armistice est signé, suspendez toute opération et envoyez un parlementaire au général ennemi qui est en face de vous. »

Quelque dangereuse que devînt ma position avancée quand j'appris que l'armistice ne nous concernait point, je m'y suis maintenu aussi longtemps que je pus espérer pouvoir être utile à l'armée de Bourbaki, et ce n'est que le 5 février, lorsque j'eus la certitude qu'elle était passée en Suisse, que j'évacuai Lons-le-Saunier et battis en retraite.

C'est à Bourg que je retrouvai le colonel Cauzio, et des troupes appartenant à l'armée des Vosges.

Vous le voyez, monsieur, pendant toutes ces opérations mon corps vous a servi d'avant-garde.

Il est possible que vous trouviez ma personnalité grotesque. A mon âge la valeur de l'homme ne s'apprécie pas à la mine. Pensiez-vous donc que je fusse sorti de ma retraite pour étaler un habit galonné. Non, monsieur, si mon pays, alors si malheureux, n'eût eu besoin de mes services quelque infimes qu'ils pussent être, et si le peu d'expérience acquise par trente-trois années de service n'eût été dans ce moment pour lui d'une véritable utilité, je ne me fusse certainement pas dérangé.

Mais, à mon tour, permettez-moi de vous faire connaître quelle impression faisaient sur nous autres vieux soldats blanchis sous le harnais l'outrecuidance et la présomption de ces officiers d'état-major improvisés qui, n'ayant jamais su se servir que d'une lancette, se permettaient de railler et de critiquer les travaux de fortification faits par un chef de bataillon du génie de l'armée regulière, par un ancien officier de l'artillerie, qui tous deux avaient passé leur vie à étudier cette science de la fortification, dont les railleurs ne connaissaient pas les premiers éléments.

Le 22 avril 1871, comme vous le dites fort bien, j'eus l'honneur de défendre, à la tribune, le général Garibaldi. Je ne m'en repens point, je veux que justice soit rendue à tout le monde : voire même à mes ennemis, et ma conviction est qu'avec le peu de troupes qu'il avait sous ses ordres, le général Garibaldi n'était pas en état d'arrêter l'armée du général Manteuffel, pas même de retarder sa marche.

Le tort du général Garibaldi, voulez-vous que je vous le dise ? C'est, en venant en France, de s'être laissé circonvenir par des gens tels que vous, matamores bouffis de leur importance, méprisés de leurs compatriotes qui, par leurs procédés arrogants, non-seulement ont étouffé l'élan national qui aurait pu amener sous ses drapeaux une multitude de volontaires, mais même ont provoqué dans ses troupes des défections qui auraient pu avoir les plus fâcheux résultats.

Vos démélés avec le colonel Chenet commandant la guérilla d'Orient, avec **M**. de Baillehache, avec le colonel Frapoli, avec le commandant de la légion Bretonne, avec le comité de Marseille, avec moi, avec tous ceux, en un mot qui, de près ou de loin, ont été en relation avec vous pendant la guerre, sont actuellement connus du public.

En faut-il davantage pour que vous soyez un homme jugé, et doit-on s'étonner qu'avec un pareil chef d'état-major, le nom de Garibaldi, sur lequel on avait compté pour rallier les hommes du parti avancé, ait fait un fiasco aussi complet, et ait à peine pu réunir tant en France que dans les pays étrangers quelques milliers de volontaires.

Versailles. — Imp. BEAUGRAND et DAX, rue du Potager, 9.